NUDELN
AUS
GEMÜSE

STEPHANIE K. MEHRING

NUDELN

AUS

GEMÜSE

Schnelle vegetarische Low-Carb-Rezepte für Pasta-Fans

HANS-NIETSCH-VERLAG

INHALT

SUPPEN & SALATE

HAUPTGERICHTE

Zucchini – die Mutter der Nudel-Gemüse

Sie brachte die Welle ins Rollen, ohne sie gäbe es wohl den Trend der Gemüse-Nudeln gar nicht. Dabei ist die Zucchini keine, die sich ins Rampenlicht drängt. Ihr Geschmack ist eher neutral, die Konsistenz zwischen knackig und weich. Sie wird in Mengen an den Gemüseständen feilgeboten und ist nicht teuer, sondern rangiert ganzjährig unter den günstigsten Gemüsesorten. Ihre größte Extravaganz ist vielleicht, dass es sie in zwei Farbvarianten und unterschiedlichsten Formen und Größen gibt: farblich in einem schönen hellen und dunklen Grün und einem nicht minder schönen Gelb und in verschiedenen Längen und Dicken schlangenförmig sowie rund. Für die Herstellung von Nudeln eignen sich die schlangenförmigen Früchte hervorragend.

Doch es ist wohl gerade seine Unscheinbarkeit, die dieses Gartenkürbis-Gewächs dafür prädestiniert, zur Nudel zu werden – etwa zu Spaghetti, exakt geformt, das Fruchtfleisch hell wie Nudelteig, sogar die Portionierung gelingt automatisch: Eine mittelgroße Zucchini entspricht dabei einer mittleren Portion Spaghetti. Sie besitzt also die richtigen Qualitäten, um die Sympathie von Pasta-Fans für sich zu gewinnen. Dazu kommt, dass sie gut mit Saucen kann, vor allem wenn sie aus Tomaten gemacht sind.

So gelingen Zucchini-Nudeln perfekt

Beim Einkauf sollten Sie darauf achten, dass die Zucchini erntefrisch, also schön fest und knackig sind. Sie sollten gerade gewachsen sein, ihr Durchmesser etwa 5, die Länge gut 20 Zentimeter betragen. Mit dem Sparschäler lassen sich aus der Frucht dünne Bandnudeln herstellen. Nehmen Sie die Zucchini in die linke Hand und halten Sie sie am Stängelansatz mit Daumen und Zeigefinger fest. Den Sparschäler setzen Sie mit der rechten Hand je nach gewünschter Länge an der Zucchini auf und ziehen ihn nach unten ab. Die Zucchini drehen und fortfahren. Die Zucchini auf diese Weise immer weiter rundum zu Nudeln verarbeiten, bis nur noch das obere Ende übrig ist.

Mit dem Spiralschneider geht es deutlich schneller. Kappen Sie die Enden der Zucchini. Setzen Sie die Klinge für die gewünschte

Nudelform und die Zucchini nach Gebrauchs-anleitung in das Gerät ein. Etwa 20 Sekunden Kurbeln erbringt 1 Portion Nudeln.

So schmecken Zucchini-Nudeln richtig gut

Als Suppeneinlage oder in Gemüsepfannen geben Sie die Zucchini-Nudeln einfach nur kurz vor Ende des Kochvorgangs hinzu, sodass sie Geschmack annehmen und die richtige Temperatur und Konsistenz bekommen. *Vorsicht:* Werden sie zu früh in die Suppe gegeben, verlieren sie ihren „Biss". In der Regel reicht es, wenn sie 2 Minuten mit ziehen.

Sollen die Zucchini-Nudeln als Beilage oder getrennt von der Sauce serviert werden, ist es am einfachsten, wenn Sie sie kurz in einem Dampfgareinsatz garen (siehe „Tipps", Seite 13). Dabei verlieren sie kaum wertvolle Nährstoffe und Sie können den richtigen Moment für die gewünschte Konsistenz abpassen. Vor oder während des Garens leicht salzen oder nach Belieben würzen.

Zu den verborgenen Qualitäten der Zucchini gehört ihr Reichtum an Mikro-nährstoffen, die erhalten bleiben, wenn die Nudeln roh gegessen werden. Geschmack und Konsistenz lassen sich verschieden gestalten, indem Sie die Nudeln marinieren, z. B. mit in einer Sauce aus Olivenöl, Zitronen-saft, Salz, Pfeffer und Kräutern (siehe auch „Tipps", Seite 13). Hier spielt der Zeitfaktor ebenfalls eine wichtige Rolle: Lassen Sie die Nudeln nicht zu lang in der Marinade ziehen, sonst werden sie zu weich.

Einführung

Gibt es ein „globales" Lieblingsessen? Natürlich. Sicher würden sich Menschen aus den unterschiedlichsten Regionen der Welt problemlos darauf einigen können, dass sie unglaublich gern Nudeln essen. Und stillschweigend würden sie davon ausgehen, dass diese Nudeln aus Getreide hergestellt sind. Schließlich war das die Idee, die hinter der Erfindung der Nudel stand, folgende: wertvolles Getreide, das gerade in Zeiten des Nahrungsmangels das Überleben sichern half, so zu verarbeiten, dass es lang haltbar ist.

Heute gibt es andere Methoden, Getreide vor dem Verderben zu schützen, dennoch waren Nudeln wohl noch nie zuvor so beliebt. Sie vereinen viele Vorzüge: Sie gehen wunderbare Partnerschaften mit anderen Lebensmitteln ein, man denke nur an die Tomate. Sie sind einfach und schnell zubereitet und kommen deshalb in der Studenten-WG an sechs von sieben Wochentagen auf den Tisch. Und: Sie liefern schnelle Energie …

Allerdings wollen wir auch die Nachteile nicht verschweigen: Sie stehen im Ruf, dick zu machen. Sie sind in der Regel aus weißem Mehl hergestellt, d. h., die meisten Vitamine, Mineralstoffe und Ballaststoffe sind nicht mehr enthalten. Da sie den meisten Platz auf dem Teller einnehmen, hat Gemüse oft das Nachsehen, auch wenn sein Ansehen kontinuierlich besser wird, weil sein Geschmack so unterschiedlich ist und es wertvolle lebenswichtige Inhaltsstoffe bei wenig Kalorien liefert.

Was liegt also näher als das Beste beider Welten zu verbinden und Nudeln aus Gemüse herzustellen? Zum Genuss gesellen sich folgende Vorteile:

Low Carb

Jede fünfte Kalorie in der menschlichen Ernährung stammt heute aus Weizen und ist damit eine Kalorie aus einfachen Kohlehydraten. Sie wirkt sich ungünstig auf den Insulinspiegel aus und führt dazu, dass der Blutzuckerspiegel Achterbahn fährt. Nachhaltig satt machen allein komplexe Kohlenhydrate, wie sie in Gemüse vorkommen.

Hoher Vitalstoffgehalt

In Wirklichkeit ist es eben nicht die Kalorienmenge der Lebensmittel auf unserem Teller, die uns satt macht, sondern der Gehalt an Ballast- und Vitalstoffen – wie Mineralstoffen, Spurenelementen, Vitaminen und sekundären Pflanzenstoffen. Eine Mahlzeit mit viel Gemüse, aber vergleichsweise wenig Kalorien sorgt viel effektiver für ein nachhaltiges Sättigungsgefühl als ein Gericht mit vielen schnell verfügbaren, aber „leeren" Kalorien.

Die Form macht den Unterschied!

Für manche Menschen ist Gemüse nicht die erste und vielleicht auch nicht die zweite Wahl, wenn sie ihr Essen zusammenstellen. Auch Kinder tun sich oft schwer, Gefallen an – zumindest bestimmten – Gemüsesorten zu finden. Erstaunlicherweise wirkt es oft Wunder, Gemüse in der Form auf den Tisch zu bringen, mit der Menschen leckeres Essen verbinden: Gemüse-Nudeln werden weniger eindeutig als Gemüse empfunden, der Geschmack wird als weniger „gemüsig" erlebt.

Vielfalt ist Trumpf

Gemüse-Nudeln sind äußerst vielfältig in Bezug auf Geschmack, Farbe und Konsistenz, und es macht Spaß, altbekanntes Gemüse in dieser Form wiederzuentdecken. Genauso interessant ist es, Pasta-Lieblingsrezepte mit Nudeln aus Gemüse neu zu interpretieren.

Frische macht gute Laune

Ein großer Vorteil der Gemüse-Nudeln ist, dass sie sich besonders gut als Rohkost eignen. Während ein großes Stück Sellerie sehr intensiv schmeckt, wirken Sellerie-Nudeln als Zutat im Salat apart. So lassen sich auch Salate aus Gemüsefrüchten und Blatt-, Wurzel- und Knollengemüse komponieren, die nicht nur eine Beilage, sondern auch eine ausgewachsene Mahlzeit sind, die belebend und sättigend zugleich ist.

Schnelle und unkomplizierte Zubereitung

Gemüse-Nudeln lassen sich in wenigen Minuten herstellen. Die Rezepte in Nudeln aus Gemüse sind so ausgewählt, dass sie nur 15 bis 20 Minuten Zubereitungszeit erfordern. Denn: Eine gute Idee ist die eine Sache, die Umsetzung eine andere. Und der Faktor „Zeit" ist heute entscheidend, weil Kochen nur eine Tätigkeit unter vielen ist, mit der wir unseren Alltag ausfüllen. Alle Rezepte in diesem Buch lassen sich leicht umsetzen, sie erfordern keine besonderen Küchenfertigkeiten.

Es gibt noch viele weitere Vorteile, die Gemüse-Nudeln mit sich bringen. Sie werden sie sicherlich selbst entdecken, wenn sie damit beginnen, sie zuzubereiten. Viel Spaß dabei!

Die richtigen Utensilien

1 Für den leichten Einstieg: der Sparschäler

Der Sparschäler gehört zu den gebräuchlichsten Küchenutensilien. Er ist also ideal, wenn Sie gern einen ersten,
unkomplizierten Versuch wagen wollen, Nudeln aus
Gemüsen herzustellen. Durch die pfiffige Idee mit dem
Schlitz, der dafür sorgt, dass der Sparschäler nur die uner-
wünschte Schale entfernt und nicht das darunterliegende
Innere des Gemüses, können Sie mit dem Schäler perfekte
dünne „Bandnudeln" aus allen Gemüsesorten herstellen.

2 Klein und kompakt: der Hand-Spiralschneider

Dieser Spiralschneider ist die günstige und platzsparende
Option, wenn Sie sich ein Gerät zulegen möchten, um Gemüse-Nudeln herzustellen. Er ist allerdings nur für Gemüse
mit länglicher Form wie Karotten oder Zucchini geeignet,
das die passende Dicke hat. Ein weiterer Nachteil: Bei harten
Gemüsesorten ist die Handhabung kraft- und zeitraubend.
Dafür lässt der Hand-Spiralschneider sich schnell reinigen.

3 Komfortabel: der Spiralschneider mit Handkurbel

Auf diese Weise Gemüse-Nudeln herzustellen ist sicher die
eleganteste Lösung. So zaubern Sie perfekte dünne und
dicke Spaghetti sowie Bandnudeln und eine breite spiral-
förmige Nudel, die alle optisch mit den Verwandten aus
Getreide ohne Weiteres mithalten können. Der Schneider
ist geeignet für Knollen-, Wurzel- sowie Fruchtgemüse mit
einem Durchmesser von etwa 2 bis 15 Zentimetern, nicht
gut geeignet sind Gemüsesorten mit Kerngehäuse, wie
etwa Kürbisse. Harte Sorten wie Karotten werden ohne
großen Kraft- und Zeitaufwand verarbeitet. Da lassen sich
die Nachteile – dass er mehr Platz braucht und aufwen-
diger zu reinigen ist – leicht verschmerzen.

Eine Auswahl an Gemüsesorten zur Herstellung von Nudeln

Egal ob Frucht, Wurzel oder Knolle – viele Gemüsesorten eignen sich dafür, als Nudel auf den Teller zu kommen. Wichtig ist eine feste, knackige Konsistenz, damit es kein „Gemüsemus" gibt. Doch auch die Form spielt eine Rolle, damit das Gemüse gut verarbeitet werden kann. Im Folgenden finden Sie einen Überblick über die für die Herstellung von Nudeln geeigneten Gemüsesorten, der nicht vollständig ist: Mit der Zeit werden Sie sicher noch viele weitere Möglichkeiten entdecken. Besonders attraktiv dabei ist, dass die Gemüse auch als Nudeln den Speiseplan sowohl roh als auch gegart bereichern können. Nicht schälen müssen Sie vor Herstellung der Nudeln nur Gemüse, dessen Schale essbar ist.

Gurke

Aus der Gurke lassen sich schnell saftige und erfrischende Nudeln zaubern. Wichtig ist, feste Exemplare zu verwenden. Mittig befinden sich über die ganze Länge die Samen, dieser Teil ist nicht für Nudeln geeignet. Verarbeiten Sie also mit dem Sparschäler nur das feste Fruchtfleisch.

Karotte

Roh oder gekocht: Die Karotte ist sicher das beliebteste Wurzelgemüse. Während sie, im Supermarkt gekauft, oft einfach nur süß schmeckt, finden sich im Bioladen oder auf Wochenmärkten immer noch sehr ausgewogen schmeckende Sorten, die jedes Gericht – auch farblich – bereichern. Die Nudeln lassen sich wie die aus jedem anderen Wurzel- und Knollengemüse hervorragend marinieren und garen (siehe „Tipps", Seite 13).

Kohlrabi

Diese Nudeln sind roh knackig und von einer feinen Schärfe. Sie können aber auch sehr gut mariniert oder gegart werden (siehe „Tipps", Seite 13).

Sie sollten eher kleinere Knollen verwenden, diese lassen sich leichter verarbeiten und sind auch von der Konsistenz und dem Geschmack her feiner. Den Kohlrabi unbedingt vorher schälen.

Kürbis

Der beliebteste Kürbis ist mittlerweile der Hokkaido. Er kann am einfachsten mit dem Sparschäler zu Nudeln verarbeitet werden. Wenn Sie Streifen von einem geschälten Stück Kürbis (ohne Kerne) abhobeln, entstehen breite Bandnudeln. Der Butternut-Kürbis kann auch im Spiralschneider zu Nudeln verarbeitet werden. Dafür sollten Sie ein eher kleines Exemplar auswählen, schälen, den oberen, runden Teil abschneiden und den Rest entkernen. Nun ist der Kürbis bereit für die Nudelherstellung. Garen Sie Kürbis-Nudeln im Dampfgareinsatz (siehe „Tipps", Seite 13), so schmecken sie am besten und sind am bekömmlichsten.

Pastinake

Die Pastinake ist ein klassisches Schmorgemüse, das Suppen oder Saucen einen kräftig süßen und nussartigen Geschmack verleiht. In Nudelform kann sie sehr universell – und gern auch roh – eingesetzt werden. Da ihr ausgeprägter Geschmack sich als Nudel viel feiner mitteilt, kann sie, auf diese Weise genossen, selbst Menschen begeistern, die sonst nicht zu ihren Liebhabern zählen.

Petersilienwurzel

Diese Wurzel ähnelt der Pastinake, ist meistens aber kleiner. Daher gut mit dem Sparschäler zu verarbeiten.

Rettich

Als verdauungsfördernder Begleiter deftiger Kost wird der Rettich, den es in unterschiedlichsten Formen und Farben sowie Schärfegraden gibt, sehr geschätzt. Zu Nudeln verarbeitet, wirkt er in jedem Fall milder, wird er mariniert oder gegart (siehe „Tipps", Seite 13), reduziert sich die Schärfe zusätzlich. So können wir ihn für viele Gerichte verwenden und damit öfter von seiner positiven Wirkung profitieren. Schwarzen Rettich sollten Sie unbedingt schälen, bei den anderen Sorten ist es eine Frage der persönlichen Vorliebe, ob die Schale mitverwendet wird.

Rote Bete

Diese Knolle fällt einfach auf – am Gemüsestand und auf dem Teller! Ihre einzigartige Farbe und ihre wunderschöne Form wirken anziehend, und mancher wird sich fragen, warum er sie nicht öfter verwendet. Die Möglichkeit, sie zur Nudel zu verarbeiten, erhöht auf jeden Fall den Anreiz, regelmäßig Rote Bete zu genießen. Und wenn es mal nicht so auffällig „rot" sein soll: Sie hat ja auch eine gelbe und eine rot-weiße Verwandte.

Rübe

Rüben spielten früher eine sehr viel größere Rolle auf dem Speiseplan als heute, doch es scheint, dass sie zurzeit eine Renaissance erleben. Da mag es auch von Vorteil sein, dass sie sich sehr gut zur Herstellung von Gemüse-Nudeln eignen. Je nach Sorte haben Rüben ein weißes bis gelbliches Inneres, das leicht süßlich bis scharf schmecken kann. Verbreitet sind Steckrübe, Mairübchen oder Teltower Rübchen.

Spargel

Sowohl der grüne als auch der weiße Spargel lassen sich hervorragend als Rohkost-Nudel genießen. Dazu sollten Sie zuerst einmal die Schale entfernen und dann immer weiter rundum Streifen „abschälen", bis sich die Spargelstange in feine Nudeln verwandelt hat.

Spitzpaprika

Dieser Paprika eignet sich wie der Spargel besonders in roher Form zur Herstellung von Nudeln. Dazu ein festes, knackiges Exemplar auswählen, der Länge nach halbieren, Kerne und weiße Innenhäute entfernen und das Fleisch mit dem Sparschäler in Streifen schneiden.

Süßkartoffel

Mit der Süßkartoffel hat unsere klassische Kartoffel eine wirklich harte Konkurrenz bekommen, denn sie gilt als das gesündeste Gemüse der Welt. Obwohl sie süß schmeckt, hat sie deutlich weniger Kalorien als unsere Kartoffel. Und diese liegen als komplexe Kohlenhydrate vor (nicht in Form von Stärke), die den Insulinspiegel eben nicht in die Höhe treiben. Ihre Süße prädestiniert die Süßkartoffel besonders als Zutat für exotische Gerichte.

Im Unterschied zur Kartoffel kann sie roh gegessen werden, auch ihre Schale ist genießbar.

Topinambur

Diese Knolle ist ein weiterer willkommener Zuwachs in unserem heimischen Gemüsesortiment. Für die Herstellung von Nudeln eignen sich die größeren und relativ gleichmäßig gewachsenen Exemplare. Sie können roh und gekocht, mit oder ohne Schale verwendet werden. In jedem Fall bringen sie eine ganz eigene Geschmacksnote in das Gericht mit ein.

Hinweis

Um besonders leckere, gesunde und aromatische Speisen zuzubereiten, sollten Sie alle Zutaten frisch, saisonal, aus regionalem Anbau und in Bio-Qualität einkaufen!

Tipps

Nudeln aus Obst

Während es beim Gemüse viele Sorten gibt, die sich zur Herstellung von Nudeln eignen, sieht es beim Obst anders aus, da es in der Regel zu weich ist. Eigentlich bietet sich nur der Apfel an, da er sowohl von der Form als auch von der Konsistenz des Fruchtfleisches her ideale Voraussetzungen mitbringt.

Nudeln im Dampfgareinsatz garen

Eines der hilfreichsten Küchenutensilien ist der Dampfgareinsatz. Bei manchen Töpfen gehört er mit zur Ausstattung dazu, aber er lässt sich auch separat kaufen. Gerade für Gemüse-Nudeln bietet er sich an, da empfindliches Gargut im Dampf Konsistenz und wertvolle Inhaltsstoffe am besten behält. Hierfür werden die Gemüse-Nudeln im Dampfgareinsatz im geschlossenen Topf mit 1 Zentimeter hoch Wasser gegart, bis sie angenehm bissfest sind.

Nudeln marinieren

Manches Gemüse ist auch als Nudel noch etwas zu hart oder zu intensiv im Geschmack, wenn es roh gegessen wird. Eine Form des Garens ohne Wärmezufuhr ist das Marinieren. Es lässt das Gemüse weich werden. Gleichzeitig gibt es ihm Geschmack. Klassische Zutaten für eine Marinade sind Salz, Essig, Zitronen- oder Limettensaft, pflanzliches Öl, Sojasauce, frisch geriebener Ingwer, Gewürze und Kräuter. Gemüse-Nudeln brauchen nur wenige Minuten in der Sauce zu ziehen, damit sie weich werden und Geschmack annehmen.

SUPPEN & SALATE

WILDKRÄUTER-SALAT
mit Gurken-Nudeln

Gurken gehören zu den beliebtesten Salat-Zutaten, doch sie überzeugen nicht durch ihren Geschmack. Ihre Stärke liegt vielmehr darin, dass sie äußerst erfrischend sind und einen schönen Kontrast zu kräftigen oder fruchtigen Aromen schaffen, wodurch sie andere Zutaten optimal unterstützen. Bei Gurken-Spaghetti wird dieser Effekt noch verstärkt, was besonders in der Kombination mit Wildkräutern zum Tragen kommt.

Für 2 Personen

½ mittelgroße Schlangengurke (Zubereitung
der Nudeln siehe Seite 10 ff.)
1 kleine Handvoll gemischte Wildkräuter
(z. B. Spitzwegerich, Sauerampfer, Löwenzahn …)
1 kleine Handvoll junger Romanasalat, in mund-
gerechte Stücke zerpflückt
½ Fenchelknolle
2 Radieschen
4 Cherry-Tomaten
etwas Grün von 1 Frühlingszwiebel

Dressing

4 EL Olivenöl
1 EL Balsamico
1 EL Zitronensaft
Salz und Pfeffer zum Abschmecken

geröstete Kürbiskerne zum Anrichten

Utensilien

Sparschäler, Spiralschneider

1 Salat Die Wildkräuter zerpflücken oder mit dem Messer klein schneiden. Je intensiver ihr Geschmack und je kräftiger ihre Fasern sind, desto feiner sollten sie geschnitten werden. Bei der Fenchelknolle die äußere Schicht mit den kräftigen Fasern entfernen, den Rest in dünne Scheiben schneiden. Die Radieschen in Stücke oder Scheiben schneiden und die Cherry-Tomaten nach Wunsch halbieren oder vierteln. Das Frühlingszwiebelgrün in feine Ringe schneiden.

2 Dressing Alle Zutaten gut verrühren. Da die Radieschen und die Frühlingszwiebel bereits Schärfe mitbringen, kann der Pfeffer auch weggelassen werden.

3 Servieren Alle Salatzutaten dekorativ auf Tellern anrichten. Die Gurken-Spaghetti daraufgeben und das Dressing über den Salat träufeln. Kürbiskerne in einer Pfanne (ohne Fett) anrösten und über den Salat streuen. Guten Appetit!

HERBSTLICHER SALAT
mit Rote-Bete-Nudeln

Marinierte Rote-Bete-Nudeln schmecken fruchtig und herb zugleich. Darauf sind die Zutaten dieses Salates abgestimmt. Und die Crème fraîche schenkt ihm ihre samtige Cremigkeit.

Für 2 Personen

*1 kleine Rote-Bete-Knolle (Zubereitung der Nudeln
    siehe Seite 10 ff.)*

Marinade für die Nudeln
1 Frühlingszwiebel
1 TL Kürbiskernöl
1 TL Walnussöl
1 TL Zitronensaft
1 Spritzer Sojasauce
etwas Currypulver (nach Geschmack)

Salat
1 Handvoll grüner Blattsalat
1 kleiner Chicorée
1 Stange Staudensellerie
½ Fenchelknolle
½ süß-saurer Apfel

Dressing
2 EL Walnussöl
1 EL Zitronensaft
Salz und Pfeffer zum Abschmecken

Crème fraîche und Nüsse der Wahl zum Anrichten

Utensilien
Spiralschneider

1 **Gemüse-Nudeln** Die Frühlingszwiebel fein hacken und mit den anderen Zutaten für die Nudel-Marinade gut verrühren. Die Rote-Bete-Nudeln etwa 15 Minuten darin ziehen lassen (siehe „Tipps", Seite 13).

2 **Salat** Den Blattsalat in mundgerechte Stücke zerpflücken. Den Chicorée in einzelne Blätter zerteilen. Den Staudensellerie von harten Fasern befreien und klein schneiden. Vom Fenchel den Strunk und die harten, unansehnlichen Teile entfernen und den Rest in Scheiben schneiden. Das Fruchtfleisch des Apfels in Stücke schneiden. Die Zutaten (außer dem Chicorée) mischen.

3 **Dressing** Öl und Zitronensaft gut miteinander verrühren, mit Salz und Pfeffer abschmecken.

4 **Servieren** Ein Bett aus Chicoréeblättern auf den Tellern anrichten, darauf den Salat geben. Das Dressing darüberträufeln. Die Rote-Bete-Nudeln auf dem Salat platzieren und mit einem Klecks Crème fraîche und Nüssen garnieren.

KOKOSMILCHSUPPE
mit Butternut-Kürbis-Nudeln

Die Kokosmilch schenkt dieser asiatisch angehauchten Suppe einen sahnig-nussigen Charakter. Der Butternut-Kürbis erinnert in Geschmack und Konsistenz, wie der Name schon sagt, an Butter. Zitronensaft macht die mehr oder weniger stark betonte säuerlich-fruchtige Note der Suppe aus.

Für 2 Personen

300 g Butternut-Kürbis, geschält (Zubereitung
   der Nudeln siehe Seite 10 ff.)
1 Schalotte
½ Knoblauchzehe
½ Stange Lauch
2 EL Kokosöl
250 ml Wasser
3 EL Sojasauce
1 EL Thai-Currypaste
1–2 EL Zitronensaft
¼ rote oder gelbe Paprikaschote
2 Champignons
6 Cherry-Tomaten
250 ml Kokosmilch
Salz und geriebene Schale von der Bio-Zitrone
   zum Abschmecken
Koriandergrün und Chiliflocken zum Anrichten

Utensilien
Sparschäler

1 Die Schalotte und den Knoblauch fein würfeln, den Lauch in feine Ringe schneiden. Das Kokosöl in einen Wok geben und die Schalotte glasig anschwitzen. Lauch, Knoblauch und die Hälfte des Wassers hinzufügen und etwas einkochen lassen. Dann Sojasauce, Currypaste und Zitronensaft dazugeben und die Suppe weiter köcheln lassen.

2 Das Viertel der Paprikaschote (ohne Kerne und weiße Innenhäute) und die Champignons würfeln, beides in den Wok geben. Die Cherry-Tomaten halbieren und ebenfalls hinzufügen. Mit Kokosmilch und dem restlichen Wasser aufgießen. Die Suppe zum Kochen bringen. Jetzt die Kürbis-Nudeln hinzufügen und alles bei mittlerer Hitze zur gewünschten Konsistenz garen.

3 **Abschmecken und Servieren** Die Suppe mit Salz und Zitronenschale abschmecken, in Schüsseln füllen, mit Korianderblättchen garnieren, mit Chiliflocken bestreuen und genießen.

FRÜHLINGSSALAT
mit Spargel-Nudeln

Zu den am sehnlichsten erwarteten Geschenken des Frühlings gehören Spargel und Erdbeeren. Was liegt also näher, als beides in einem Salat zu kombinieren? Der Spargel kommt hier in seiner rohen Form fantastisch zur Geltung, weil sich sein leicht bitteres Aroma und die Süße der Erdbeere wunderbar verbinden und die hauchdünnen Spargel-Nudeln einem fast auf der Zunge zergehen.

Für 2 Personen

4 Stangen weißer Spargel (Zubereitung der Nudeln siehe Seite 10 ff.)
2 Handvoll Blattsalat (z. B. Feldsalat, Frisée, Chicorée, Babyspinat …)
8 Erdbeeren
8 schwarze Oliven, entkernt
2 Radieschen

Dressing
4 EL Olivenöl
2 EL weißer Balsamico
Senf, Salz und Pfeffer zum Abschmecken

gekeimte Sonnenblumenkerne zum Anrichten

Utensilien
Sparschäler

1 **Salat** Den Blattsalat ggf. in mundgerechte Stücke zerpflücken oder klein schneiden. Die reifen, süßen Erdbeeren halbieren oder vierteln. Die schwarzen Oliven, bevorzugt mit herzhaft aromatischem Geschmack und von fettreicher Konsistenz, nach Belieben zerkleinern oder auch ganz lassen. Die Radieschen in Scheiben schneiden.

2 **Dressing** Olivenöl und Balsamico gut verrühren. Mit Senf, Salz und Pfeffer abschmecken.

3 **Servieren** Die Salatzutaten auf einem Teller anrichten, die Spargel-Nudeln daraufgeben und das Dressing darüberträufeln. Mit den gekeimten Sonnenblumenkernen (siehe rechte Seite) bestreuen. Lassen Sie es sich schmecken!

Gekeimte Sonnenblumenkerne

Waschen Sie die Sonnenblumenkerne und weichen Sie sie in reichlich Wasser ein. Bereits nach ein paar Stunden haben sie so viel Wasser aufgesaugt, dass sie deutlich frischer schmecken und auch leichter verdaulich sind als ihre getrocknete Variante. Sie können die Kerne jetzt verwenden oder auch weitere 1 bis 2 Tage lang in einem Keimglas keimen lassen. Dabei spülen Sie sie 2-mal täglich gründlich durch. So entfalten die Kerne ihr feines Aroma, das Sie vom Sonnenblumenöl her kennen.

GARTENSALAT
mit bunten Gemüse-Nudeln

Je nach Jahreszeit und Angebot im Garten und auf dem Markt lässt sich für diesen Salat unterschiedlichstes Gemüse für bunte Nudeln – als Augen- und Gaumenschmaus – kombinieren. Als Beispiel hier ein Trio aus Karotten, Knollensellerie und Kohlrabi.

Für 2 Personen

1 mittelgroße Karotte (siehe Seite 10 ff.)
½ kleiner Knollensellerie (siehe Seite 10 ff.)
½ Kohlrabi (Zubereitung der Nudeln siehe Seite 10 ff.)

Marinade für die Nudeln
2 EL Zitronensaft
2 EL Olivenöl
Salz

Salat
1 Handvoll Blattsalat (z. B. Lollo Rosso, Feldsalat,
*   Rucola …)*
¼ Schlangengurke
1 Stange Staudensellerie
¼ rote Paprikaschote (wahlweise)

Dressing
4 EL Olivenöl
3 EL Zitronensaft
Salz und Pfeffer zum Abschmecken
frische oder getrocknete Kräuter (nach Geschmack)

6 Walnüsse zum Anrichten

Utensilien
Sparschäler, Spiralschneider

1 Gemüse-Nudeln Die Zutaten für die Marinade verrühren und die Nudeln etwa 10 Minuten lang darin ziehen lasse (siehe „Tipps", Seite 13).

2 Salat Die Salatblätter in mundgerechte Stücke zerpflücken. Die Gurke der Länge nach halbieren und dann in Scheiben schneiden. Den Staudensellerie von harten Fasern befreien, in 1 Zentimeter dicke Stücke schneiden. Die Paprikaschote ggf. (ohne Kerne und weiße Innenhäute) würfeln.

3 Dressing Olivenöl und Zitronensaft gut verrühren und mit Salz und Pfeffer abschmecken. Kräuter dazugeben.

4 Servieren Die Salatzutaten dekorativ in Schälchen anrichten. Die marinierten Gemüse-Nudeln daraufgeben. Das Dressing über den Salat träufeln. Die Walnusskerne in der Hand zerdrücken und darüberstreuen. Guten Appetit!

MINESTRONE
mit Zucchini-Nudeln

Zucchini-Nudeln sind die ideale Suppeneinlage, da sie den Geschmack der Brühe gut annehmen. Je nachdem, wie lang Sie sie ziehen lassen, haben sie mehr oder weniger Biss.

Für 2 Personen

1 mittelgroße Zucchini (Zubereitung der Nudeln
siehe Seite 10 ff.)
1 große Schalotte (oder junge Zwiebel)
1 Knoblauchzehe
2 EL Butterschmalz (Ghee)
1 Karotte
60 ml Weißwein
½ TL Thymian, frisch oder getrocknet
1 EL Hefeflocken
1 TL Sojasauce
200 g Tomatenstücke (aus der Dose)
400 ml Wasser
100 g Erbsen, frisch oder tiefgefroren
Salz und Pfeffer zum Abschmecken
Olivenöl

frische Kräuter der Wahl zum Anrichten

Utensilien
Spiralschneider

1 Schalotte und Knoblauch fein würfeln. In Butterschmalz in einem mittelgroßen Topf anschwitzen. Die Karotte klein würfeln, dazugeben und mit anbraten. Das Ganze mit Weißwein ablöschen und etwa 3 Minuten köcheln lassen. Thymian, Hefeflocken, Sojasauce und Tomaten hinzufügen und das Ganze einige Minuten schmoren lassen. Anschließend Wasser, Erbsen und Zucchini-Nudeln dazugeben. Die Suppe weitere 5 Minuten köcheln lassen.

2 **Abschmecken und Servieren** Die Suppe mit Salz und Pfeffer abschmecken. Nach Belieben Olivenöl und frische Kräuter hinzufügen und genießen.

Tipp
Für die Zucchini-Nudeln dieser Minestrone verwenden Sie am besten den Einsatz des Spiralschneiders für dicke Spaghetti.

LINSENSUPPE
mit Brokkoli-Nudeln

Brokkoli schätzen wir vor allem für die Röschen, die einen feinen und gleichzeitig herzhaften Geschmack besitzen und ein Gericht auch optisch bereichern. Seinem Stiel schenken wir dagegen wenig Beachtung, er lässt sich aber gut zu Nudeln verarbeiten.

Für 2 Personen

*500 g Brokkoli (die Brokkoliröschen für die Suppe und
    den Strunk für die Nudeln verwenden; Zubereitung
    der Nudeln siehe Seite 10 ff.)*
1 Zwiebel
2 EL Butterschmalz (Ghee)
1 Karotte
½ kleine Stange Lauch
1 kleines Stück Wurzelpetersilie
½ Zucchini
500 ml Wasser
1 Knoblauchzehe
1 Stängel Liebstöckel
Ingwer, frisch gerieben (nach Geschmack)
1 EL Tomatenmark
1 TL Sojasauce
Salz und Pfeffer zum Abschmecken
200 g Linsen aus der Dose
Oliven- oder Nussöl zum Abschmecken

Utensilien
Sparschäler, Spiralschneider

1 Die Zwiebel fein würfeln und in einem mittelgroßen Topf im Butterschmalz glasig andünsten. Die Karotte in Scheiben, den Lauch in Ringe schneiden, die Wurzelpetersilie und die Zucchini würfeln und mit den Brokkoliröschen ebenfalls in den Topf geben. 50 Milliliter des Wassers aufgießen, das Ganze aufkochen und das Gemüse bei mäßiger Temperatur garen lassen.

2 Den Knoblauch durch die Presse drücken und die Liebstöckelblätter sehr fein hacken und mit dem Ingwer, dem Tomatenmark, der Sojasauce, Salz und Pfeffer zum Gemüse geben. Den Rest des Wassers aufgießen und die Suppe aufkochen lassen. Nun die Linsen und die Gemüse-Nudeln (aus dem geschälten Brokkoli-Strunk) dazugeben und die Suppe einige Minuten weiter köcheln lassen.

3 Die Suppe zum Schluss noch einmal mit Salz, Pfeffer und Öl abschmecken und in Schalen geben. Lassen Sie es sich schmecken.

CHINESISCHE GEMÜSESUPPE
mit gemischten weißen Nudeln

Statt der traditionell verwendeten Reisnudeln kommen hier Nudeln aus Gemüse mit hellem „Fleisch" zum Zuge. Eine wirklich köstliche Variante!

Für 2 Personen

300 g weiße Nudeln (z. B. aus Zucchini, Knollensellerie, Kohlrabi; Zubereitung der Nudeln siehe Seite 10 ff.)
1 mittelgroße Zwiebel
1 Knoblauchzehe
2 EL Kokosöl (nach Wunsch desodoriert)
1 große Karotte
½ rote Paprikaschote
½ gelbe Paprikaschote
4 kleine Champignons
6 Cherry-Tomaten
Ingwer, frisch gerieben (nach Geschmack)
1 TL Tomatenmark
1 EL Limettensaft
1 TL Sojasauce
½ TL chinesisches Fünf-Gewürze-Pulver
1 EL Algenflocken
500 ml Gemüsebrühe
Salz und Kokosöl zum Abschmecken
geriebene Schale von 1 Bio-Limette
Korianderkraut zum Anrichten

Utensilien
Sparschäler, Spiralschneider

1 Zwiebel und Knoblauch fein würfeln und in einem mittelgroßen Topf im Kokosöl anschwitzen. Die Karotte der Länge nach vierteln, in 3 Zentimeter dicke Scheiben schneiden und dazugeben. Die beiden halben Paprikaschoten mit einem Sparschäler schälen und (ohne Kerne und weiße Innenhäute) in mundgerechte Stücke schneiden, die Champignons vierteln und die Tomaten halbieren. Diese Zutaten in den Topf geben und ein paar Minuten mit anbraten. Den Ingwer mit dem Tomatenmark, dem Limettensaft, der Sojasauce, dem chinesischen Gewürz und den Algenflocken ebenfalls hinzufügen.

2 Das Ganze mit Gemüsebrühe auffüllen und ein paar Minuten köcheln lassen. Dann die Nudeln hineingeben und weiter köcheln lassen, bis das Gemüse gar ist. Mit Salz und Kokosöl abschmecken. Bei Bedarf noch etwas nachwürzen, mit der geriebenen Limettenschale aromatisieren.

4 **Servieren** Die Suppe in Schüsseln geben, mit Korianderblättchen garnieren. Lassen Sie es sich schmecken!

Tipp

Für diese breiten Nudeln die Knollen – wie Sellerie, Kohlrabi oder Rüben – zuerst in 1 Zentimeter dicke Scheiben schneiden. Dann einfach die Nudeln mit dem Sparschäler „abhobeln".

ITALIENISCHER SALAT
mit Zucchini-Nudeln

Natürlich lassen sich die Zutaten für diesen Salat – je nachdem, was die Saison und der Kühlschrank hergeben – variieren. Die Zusammenstellung in diesem Rezept eignet sich gut für die Lunchbox oder fürs Picknick.

Für 2 Personen

1 mittelgroße Zucchini (Zubereitung der Nudeln
    siehe Seite 10 ff.)
12 Blätter junger Romanasalat
2 Artischockenherzen, eingelegt
½ Fenchelknolle
3 Flaschentomaten
10 grüne und/oder schwarze Oliven

Dressing
Schnittlauch
4 EL Olivenöl
½ TL Zitronensaft
1 TL weißer Balsamico
½ TL Senf
Salz und Pfeffer zum Abschmecken

Parmesan und Basilikumblättchen zum Anrichten

Utensilien
Spiralschneider

1 Salat Die Salatblätter in mundgerechte Stücke zerteilen. Die Artischockenherzen vierteln. Vom Fenchel den Strunk und die harten, unansehnlichen Teile entfernen. Den Rest der Knolle in feine Streifen schneiden. Die drei Zutaten mit den klein geschnittenen Tomaten, den Oliven und den Nudeln mischen.

2 Dressing Den Schnittlauch fein schneiden und mit den übrigen Zutaten zu einer Salatsauce verrühren.

3 Servieren Den Salat mit dem Dressing vermischen und ein paar Minuten ziehen lassen, dann auf Tellern anrichten. Parmesan darüberhobeln und mit ein paar Basilikumblättchen garniert servieren. Guten Appetit!

ASIA-SALAT
MIT GEBRATENEN PILZEN
und Spitzpaprika-Nudeln

Asia-Salate sind in Deutschland in den letzten Jahren immer beliebter geworden, weil sie besonders gesund sind und darüber hinaus auch geschmacklich Abwechslung bieten. Um ihren scharfen, würzigen Geschmack auszubalancieren, kommen in diesem Salat Spitzpaprika-Nudeln zum Einsatz, die besonders süß und fruchtig schmecken.

Für 2 Personen

1 große rote Spitzpaprika-Schote (Zubereitung der Nudeln siehe Seite 10 ff.)
1 gute Handvoll Asia-Salate, gemischt
2 Blätter Chinakohl
50 g Sojasprossen

Gebratene Pilze

6 frische kleine Shiitake-Pilze
1 EL Kokosöl
1 Spritzer Zitronensaft
1 Spritzer Sojasauce

Dressing

4 EL Kokosöl
2 EL Zitronensaft
½ TL milde Miso-Paste
etwas Wasabi-Paste oder -Pulver und Pfeffer zum Abschmecken

Utensilien
Sparschäler

1 **Gebratene Pilze** Die Shiitake-Pilze (Stiele entfernen) nach Belieben zerkleinern. Das Kokosöl in einer Pfanne erhitzen, die Shiitakes unter gelegentlichem Wenden etwa 4 Minuten anbraten. Mit 1 Spritzer Zitronensaft und Sojasauce würzen.

2 **Salat** Salatblätter und Chinakohl von dicken Stielen und Rippen befreien, zerpflücken und mit Sojasprossen, Paprika-Nudeln und Shiitake-Pilzen mischen.

3 **Dressing** Das Kokosöl leicht erwärmen, bis es flüssig ist, mit den restlichen Zutaten verrühren.

4 **Servieren** Das Dressing über den Salat geben, alles gut mischen und den Salat ein paar Minuten ziehen lassen. Den Asia-Salat auf den Tellern anrichten und genießen. Guten Appetit!

MISOSUPPE
mit Nudeln vom roten Rettich

Die Rettich-Nudeln geben Sie am besten erst zum Schluss in die Suppe, so bleiben das Vitamin C und die verdauungsfördernden Senföle vollständig erhalten. Wenn Sie sie kurz in der Brühe ziehen lassen, werden die Nudeln milder und weicher. In jedem Fall harmonieren sie großartig mit der Süße der Karotte und den würzigen Pilzen.

Für 2 Personen

1 großer roter Rettich (Zubereitung der Nudeln
    siehe Seite 10 ff.)
1 Frühlingszwiebel
1 kleine Karotte
2 Shiitakepilze
¼ Stange Staudensellerie
1 EL Kokosöl
½ TL Ingwer, frisch gerieben
1 Prise chinesisches Fünf-Gewürze-Pulver
2 EL Misopaste
500 ml Wasser
2 EL Sojasauce und 1 Spritzer Zitronensaft
    zum Abschmecken
Koriandergrün oder Petersilie zum Anrichten

Utensilien

Sparschäler, Spiralschneider

1 Die Frühlingszwiebel in feine Ringe schneiden. Die Karotte und die Pilze in kleine Würfel schneiden. Den Staudensellerie von den harten Fasern befreien, dann in dünne Scheiben schneiden. Den weißen Teil der Frühlingszwiebel im Kokosöl (nach Wunsch ein anderes Öl verwenden, das neutral schmeckt) in einem kleinen Topf bei mittlerer Hitze glasig anschwitzen. Sellerie, Karotten und Pilze dazugeben und kurz mitdünsten. Den Ingwer zusammen mit dem Gewürzpulver unterrühren.

2 Die Misopaste mit 4 Esslöffeln Wasser anrühren und zum Gemüse geben. Das restliche Wasser hineingießen und das Ganze zum Kochen bringen. Anschließend die Hitze wieder reduzieren. Den grünen Teil der Frühlingszwiebel gemeinsam mit den Rettich-Nudeln in die Brühe geben.

3 **Abschmecken und Servieren** Die Suppe mit Sojasauce und Zitronensaft abschmecken, in Schüsseln füllen und mit ein paar Blättchen Koriandergrün oder Petersilie garnieren. Lassen Sie es sich schmecken!

HAUPTGERICHTE

SPAGHETTI NAPOLI
mit Zucchini-Nudeln

Nudeln sind überall auf der Welt beliebt. Und Pasta, die italienische Variante, liegt hier noch einmal ganz vorn. Zucchini sind das ideale Gemüse, wenn Sie die herkömmliche Pasta ersetzen wollen, weil sie von Hause aus den italienischen Touch haben und wunderbar mit Tomatensauce harmonieren.

Für 2 Personen

*2 mittelgroße Zucchini (Zubereitung der Nudeln
    siehe Seite 10 ff.)*

Tomatensauce
*1 Schalotte oder mittelgroße Zwiebel
1 Knoblauchzehe
1 EL Butterschmalz (Ghee)
¼ gelbe Paprikaschote
500 g Fleischtomaten oder 1 Dose Tomatenstücke
    (400 ml), ungewürzt
getrocknete italienische Kräuter (z. B. Rosmarin,
    Thymian oder Oregano)
Sojasauce, Hefeflocken, Salz, Pfeffer und/oder Chili-
    pulver zum Abschmecken
etwas Olivenöl (nach Geschmack)*

*gekeimte Sonnenblumenkerne (siehe Seite 23) und ein
    paar Blättchen frischer Basilikum zum Anrichten*

Utensilien
Spiralschneider

1 **Tomatensauce** Die Zwiebel und den Knoblauch fein würfeln und bei mittlerer Hitze in Butterschmalz anschwitzen. Das Viertel der Paprikaschote (ohne Kerne und weiße Innenhäute) würfeln. Die Fleischtomaten klein schneiden und (oder alternativ die Dosentomaten) beides gemeinsam mit den getrockneten Kräutern dazugeben. Die Sauce mit Sojasauce, Hefeflocken, Salz, Pfeffer und Chilipulver abschmecken, alles gut umrühren und aufkochen lassen. Auf kleiner Flamme köcheln lassen, bis die Sauce sämig ist. Das Olivenöl dazugeben.

2 **Zucchini-Nudeln** Die Nudeln leicht salzen und kurz im Wasserdampf erhitzen.

3 **Servieren** Die Zucchini-Nudeln auf den Tellern verteilen und die Sauce darübergeben. Das Gericht mit Basilikumblättchen und Sonnenblumenkernen garnieren. Guten Appetit!

Hätten Sie's gewusst?

Die Zugabe von Sojasauce und Hefeflocken ist in Italien natürlich nicht üblich. Diese beiden Zutaten ergeben allerdings zusätzlich einen herzhaften Geschmack. Deshalb braucht dieses Gericht auch keinen Parmesan, der traditionell die Rolle des Geschmacksverstärkers übernimmt.

BROKKOLI MIT TOMATENSAUCE
und Nudeln von der Süßkartoffel

Süßkartoffeln sind nicht verwandt mit der Kartoffel, den Zusatz „süß" haben sie aber zu Recht. Im Unterschied zu den meisten hier vorgestellten Nudeln aus Gemüse sind sie aufgrund ihres Gehalts an Stärke und Zucker relativ kalorienreich. Sie machen also – wie die klassischen Nudeln – sehr satt! Während sie bis vor ein paar Jahren noch ein Schattendasein bei uns führten, gehören Süßkartoffeln heute zum festen Bestandteil jeder Bio-Gemüseabteilung.

Für 2 Personen

1 mittelgroße Süßkartoffel (Zubereitung der Nudeln siehe Seite 10 ff.)

Tomatensauce
1 Schalotte
1 Knoblauchzehe
1 EL Butterschmalz (Ghee)
100 g Champignons
1 kleine Zucchini
500 g Fleischtomaten
frischer oder getrockneter Oregano (nach Geschmack)
Salz und Pfeffer zum Abschmecken
etwas Olivenöl

Brokkoli-Gemüse
500 g Brokkoli
Salz, Pfeffer

Hefeflocken, Sojasauce, Zitronensaft, mediterrane Kräuter der Wahl (Kräuter der Provence oder eine italienische Kräutermischung) und Ingwerpulver zum Abschmecken
etwas Butter (nach Geschmack)

geröstete Cashewkerne und Basilikum zum Anrichten

Utensilien
Sparschäler, Spiralschneider

1 Tomatensauce Die Schalotte und den Knoblauch fein würfeln und in einem Topf in Butterschmalz anschwitzen. Champignons und Zucchini in Scheiben schneiden und hinzufügen. Die Fleischtomaten in kleine Stücke schneiden, zusammen mit Oregano, Salz und Pfeffer in den Topf geben und auf kleiner Flamme unter gelegentlichem Rühren zu einer Sauce verkochen. Zum Schluss das Olivenöl dazugeben.

2 Brokkoli-Gemüse Den Brokkoli in Strunk und die einzelnen Röschen zerteilen, den Strunk und die Stiele der Röschen schälen. Den Strunk würfeln. Brokkoliwürfel und -röschen im Dampfgareinsatz im geschlossenen Topf mit etwa 1 Zentimeter hoch Wasser auf kleiner Flamme garen, bis sie gerade noch bissfest sind (siehe „Tipps", Seite 13). Das Wasser abgießen und das Gemüse mit Salz, Pfeffer, Hefeflocken, Sojasauce, Zitronensaft, Ingwerpulver und Kräutern abschmecken, Butter unterrühren und ziehen lassen.

3 Gemüse-Nudeln Die Süßkartoffel-Nudeln im Dampfgareinsatz im geschlossenen Topf mit 1 Zentimeter hoch Wasser garen, bis sie angenehm bissfest sind (siehe „Tipps", Seite 13).

4 Servieren Die Süßkartoffel-Nudeln auf Tellern anrichten, den Brokkoli und die Tomatensauce dazugeben. Cashewkerne in einer Pfanne (ohne Fett) anrösten, das Basilikum klein schneiden und beides über das Gericht streuen. Guten Appetit!

BLUMENKOHL IN SAHNESAUCE
mit Süßkartoffel-Nudeln

Natürlich wird Blumenkohl gern mit Kartoffeln kombiniert, er harmoniert aber genauso gut mit Süßkartoffeln. Ihre Süße und ihr auffälliges Orange setzen einen schönen Kontrapunkt.

Für 2 Personen

1 kleine Süßkartoffel (Zubereitung der Nudeln
    siehe Seite 10 ff.)
1 kleiner Blumenkohl

Sahnesauce
1 Schalotte
1 Knoblauchzehe
2 EL Butterschmalz (Ghee)
100 g Austernpilze
2 EL Norialgen-Flocken
60 ml trockener Weißwein
Ingwer, frisch gerieben (nach Geschmack)
1 EL Hefeflocken
Salz, Pfeffer, Currypulver und Zitronensaft
    zum Abschmecken
50 ml Wasser
200 ml Sahne

Wildkräuter (z. B. Spitzwegerich, Sauerampfer,
    Löwenzahn …), Petersilie oder Koriandergrün und
    Walnüsse zum Anrichten

Utensilien
Spiralschneider

1 Den Blumenkohl in Röschen zerteilen. Die Stiele schälen. Den Strunk schälen und würfeln.

2 Sahnesauce Schalotte und Knoblauch fein würfeln und anschwitzen. Die weißen, unteren Teile des Austernpilzes klein hacken etwa 3 Minuten mit anbraten. Das Ganze mit dem Weißwein ablöschen. Die verbleibenden Teile der Pilze grob schneiden und mit Ingwer, Salz, Pfeffer, Currypulver und Hefeflocken in die Sauce einrühren. Kurz ziehen lassen.

3 Wenn der Weißwein ein wenig eingekocht ist, den Blumenkohl mit dem Wasser in die Sauce geben und etwa 5 Minuten köcheln lassen. Die Sahne dazugießen, aufkochen und weiter köcheln lassen, bis der Blumenkohl bissfest gegart ist. Mit Salz, Pfeffer und Zitronensaft abschmecken.

4 Gemüse-Nudeln Die Süßkartoffel-Nudeln im Dampfgareinsatz im geschlossenen Topf mit 1 Zentimeter hoch Wasser garen, bis sie angenehm bissfest sind (siehe „Tipps", Seite 13).

5 Servieren Die Gemüse-Nudeln mit Blumenkohl und Sauce dekorativ anrichten und mit Kräutern und Walnüssen garniert servieren.

GEBRATENE AUBERGINE MIT ZIEGENFRISCHKÄSE
und Rote-Bete-Nudeln

Die Rote Bete kann – auch in Nudelform – in der Küche als Rohkost und als Kochgemüse genossen werden. Wichtig ist in jedem Fall, mit Kräutern und kräftigen Aromen die Süße und das Erdig-Herbe der Roten Bete in eine schöne Harmonie zu bringen.

Für 2 Personen

Rote-Bete-Nudeln
1 mittelgroße Rote Bete (Zubereitung der Nudeln siehe Seite 10 ff.)
1 Frühlingszwiebel
1 EL Butter
Sojasauce und Zitronensaft (nach Geschmack)
etwas Currypulver (nach Geschmack)
1 EL fein gehackte Petersilie

Gebratene Aubergine
1 mittelgroße Aubergine
1–2 EL Butterschmalz (Ghee)
Salz und Pfeffer zum Abschmecken

Erfrischender Joghurt
4 EL Joghurt
1 Spritzer Zitronensaft
geriebene Schale von 1 Bio-Zitrone (nach Geschmack)

200 g Ziegenfrischkäse (nach Wunsch mariniert, mit Kräutern)
ein paar Blättchen Petersilie zum Anrichten

Utensilien
Spiralschneider

1 Rote-Bete-Nudeln Die Frühlingszwiebel in feine Ringe schneiden, in Butter in einem kleinen Topf glasig andünsten, mit Sojasauce und Zitronensaft ablöschen. Gemüse-Nudeln, Currypulver und Petersilie dazugeben und auf kleiner Flamme 5 Minuten kurz mit dünsten.

2 Gebratene Aubergine Die Aubergine schälen und in 1 Zentimeter dicke Scheiben schneiden. In der Pfanne in Butterschmalz bei mittlerer Hitze anbraten. Wenden und nach Bedarf noch etwas Butterschmalz hinzugeben. Die leicht bissfesten Scheiben mit Salz und Pfeffer würzen und in der Pfanne beiseitestellen.

3 **Erfrischender Joghurt** Den Joghurt mit dem Zitronensaft und der Zitronenschale verrühren.

4 **Servieren** Die Auberginen und die Gemüse-Nudeln auf Tellern anrichten. Daneben den Ziegenfrischkäse und den Joghurt setzen. Mit Petersilienblättchen garnieren. Lassen Sie es sich schmecken.

MEDITERRANE GEMÜSEPFANNE
mit Gurken-Nudeln

Schlangengurken sind der ideale Kontrast für diese mediterrane Gemüsepfanne. Gerade im Sommer, wenn es warm ist, vermitteln sie Frische und versorgen den Körper mit Flüssigkeit. Dazu das aromatische Gemüsepotpourri ... wie ein Kurzurlaub am Mittelmeer!

Für 2 Personen

1 Schlangengurke (Zubereitung der Nudeln
   siehe Seite 10 ff.)

1 Fenchelknolle
1 rote Paprikaschote
6 Champignons
2 Frühlingszwiebeln
2 Knoblauchzehen
2 EL Butterschmalz (Ghee)
50 ml Weißwein
Salz, Pfeffer und getrockneter Oregano
   zum Abschmecken
8 Cherry-Tomaten
8 schwarze Oliven, entsteint
1 EL Pesto, Salz, grob gemahlener schwarzer Pfeffer
   und etwas Olivenöl zum Anrichten

Utensilien
Spiralschneider

1 Den Fenchel (faserige, harte, nicht essbare Teile entfernen) und die Paprikaschote (ohne Kerne und weiße Innenhäute) in Streifen bzw. Ringe schneiden, die Champignons vierteln. Die untere, weiße Hälfte der Frühlingszwiebeln der Länge nach halbieren, den oberen, grünen Teil in Ringe schneiden. Die Knoblauchzehen in dünne Scheiben schneiden.

2 Das Gemüse in einer großen Pfanne in Butterschmalz auf kleiner Flamme etwa 5 Minuten anbraten, Pilze und Knoblauch dazugeben, dann mit dem Weißwein ablöschen, Oregano hinzufügen und das Ganze mit Salz und Pfeffer abschmecken. Nach etwa 2 Minuten die Tomaten und die Oliven in die Pfanne geben und noch einmal 5 Minuten mit dünsten.

3 **Servieren** Die Gurken-Nudeln auf die Tellern geben und mit dem Gemüse dekorativ anrichten. Die Nudeln mit Olivenöl, Salz und Pfeffer bestreut und mit einem Topping aus Pesto servieren.

Tipps

Sie können die verschiedenen Gemüse auch jedes für sich in einer kleinen Pfanne anbraten, ablöschen und würzen und dann lauwarm dekorativ auf einem bunten Antipasti-Teller (wie auf diesem Foto) anrichten.

Zum Ablöschen ist auch Balsamico bestens geeignet!

SPINAT MIT TOFU
an Nudeln vom Kohlrabi

Der Kohlrabi wird unterschätzt — weltweit. Nur in den deutschsprachigen Ländern hat er sich einen festen Platz im Gemüsesortiment erobert. Als Nudeln zubereitet, lässt er sich roh und gekocht einsetzen, mit Spinat und Tofu macht er sich am besten gedämpft, was ihm einen milden Geschmack und eine zarte Konsistenz verleiht.

Für 2 Personen

2 mittelgroße Kohlrabi (Zubereitung der Nudeln
siehe Seite 10 ff.)
Salz

Spinat

1 Schalotte
1 EL Butterschmalz (Ghee)
1 EL Tomatenmark
60 ml Sahne
400 g junger Spinat
Kräutersalz, Pfeffer und Muskatnuss zum Abschmecken

Tofu

200 g Tofu
1 EL Butterschmalz (Ghee)
Zitronensaft und Sojasauce zum Ablöschen
(nach Geschmack)
Currypulver zum Abschmecken

Paprikapulver, frische Gartenkräuter der Wahl
(z. B. Dill) und 1 Zitronenscheibe zum Anrichten

Utensilien
Spiralschneider

1 **Spinat** Die Schalotte klein würfeln, dann im Butterschmalz anschwitzen. Das Tomatenmark in 2 Esslöffeln Sahne anrühren, dazugeben und 1 Minute mit den Zwiebeln köcheln lassen. Den Spinat ebenfalls hinzugeben, unter Rühren zusammenfallen lassen, und das Gemüse mit der restlichen Sahne aufgießen. Mit Kräutersalz, Pfeffer und Muskatnuss abschmecken und sanft köcheln lassen, bis der Spinat cremig ist.

2 **Tofu** Den Tofu in Scheiben schneiden und in einer Pfanne mit Butterschmalz bei mittlerer Hitze anbraten. Die Hitze reduzieren. Die Tofuscheiben mit etwas Sojasauce und Zitronensaft ablöschen und mit Currypulver würzen. Die Pfanne vom Herd nehmen und den Tofu noch ein wenig ziehen lassen.

3 **Kohlrabi-Nudeln** Die Nudeln ganz leicht salzen und im Wasserdampf kurz erhitzen, damit sie die gewünschte Konsistenz haben.

4 **Servieren** Spinat, Tofu und Kohlrabi-Nudeln dekorativ auf den Tellern verteilen. Den Tofu mit Paprikapulver bestreuen. Das Gericht mit frischen Kräutern und 1 Zitronenscheibe garniert genießen.

RÄUCHERTOFU AN TOMATEN-KAROTTEN-SAUCE MIT ROTKOHL
und Rüben-Nudeln

Ein wirklich herzhaftes und kräftigendes Gericht, das schnell zubereitet ist, wenn man den Rotkohl aus der Tiefkühltruhe wählt.

Für 2 Personen

300 g Rüben nach Wahl (z. B. Mairübchen oder weiße Rüben; Zubereitung der Nudeln siehe Seite 10 ff.)
etwas Salz (nach Geschmack)

Tomaten-Karotten-Sauce

je 1 Schalotte und Knoblauchzehe
1 EL Butterschmalz (Ghee)
1 kleine Karotte
300 g Tomatenstücke aus der Dose
½ TL Kräuter der Provence, getrocknet
Salz und Pfeffer zum Abschmecken
etwas Olivenöl

300 g Rotkohl, tiefgekühlt
250 g Räuchertofu
1 EL Butterschmalz (Ghee)

etwas Petersilie zum Anrichten

Utensilien
Sparschäler, Spiralschneider

1 Tomaten-Karotten-Sauce Die Schalotte und den Knoblauch fein würfeln und in Butterschmalz glasig andünsten. Die Karotte fein würfeln, dazugeben und 2 Minuten anbraten. Die Tomatenstücke dazugeben, dann mit Kräutern der Provence, Salz und Pfeffer abschmecken. Unter gelegentlichem Rühren 10 Minuten sanft köcheln lassen. Olivenöl dazugeben.

2 Rotkohl nach der Anweisung auf der Verpackung zubereiten.

3 Räuchertofu Den Tofu in Scheiben schneiden. In einer Pfanne in Butterschmalz bei mittlerer Hitze etwa 2 Minuten auf jeder Seite anbraten.

4 Gemüse-Nudeln Die Rüben-Nudeln leicht salzen und im Dampfeinsatz im geschlossenen Topf mit etwa 1 Zentimeter hoch Wasser kurz garen, bis sie die gewünschte Konsistenz haben.

5 Servieren Nudeln, Rotkohl und Tofu mit der Sauce und mit Petersilie bestreut anrichten.

RAGOUT VOM KRÄUTERSAIBLING
mit Nudeln vom Topinambur

Ein herzhaftes und gehaltvolles Gericht, das gut in den Herbst oder Winter passt. Die Zutaten sind aber mittlerweile fast das ganze Jahr über erhältlich. Topinambur schmeckt von Haus aus süß und nussig, das Garen im Dampf hebt das noch mehr hervor.

Für 2 Personen

500 g Topinambur (Zubereitung der Nudeln
siehe Seite 10 ff.)
1 junge Zwiebel
1 Knoblauchzehe
2 EL Butter
1 Karotte
2 mittelgroße Kräutersaiblinge
1 EL Tomatenmark
1 TL Sojasauce
1 Handvoll junger Spinat
100 ml Sahne
Salz und Pfeffer zum Abschmecken
Nussöl, Kürbiskerne und frische Brennnesselblätter
oder Kräuter der Wahl zum Anrichten

Utensilien
Spiralschneider

1 Ragout Zwiebel und Knoblauch fein würfeln und in Butter in einem mittelgroßen Topf glasig andünsten. Die Karotte in dünne Scheiben schneiden und dazugeben. Die Stiele der Kräutersaiblinge würfeln, die Köpfe in etwas größere Stücke zerteilen und ebenfalls in den Topf geben. Karotte und Saibling ein paar Minuten unter gelegentlichem Rühren anbraten. Eine Stelle auf dem Topfboden freimachen und dort das Tomatenmark mit der Sojasauce verrühren, dann mit dem Rest mischen. Anschließend die Spinatblätter unterheben. Sahne dazugießen und mit Salz und Pfeffer abschmecken. Das Ragout weitere 5 Minuten köcheln lassen.

2 Topinambur-Nudeln Die leicht gesalzenen Gemüse-Nudeln im Dampfgareinsatz im geschlossenen Topf mit 1 Zentimeter hoch Wasser garen, bis sie angenehm bissfest sind (siehe „Tipps", Seite 13).

3 Servieren Die Nudeln auf Teller geben und mit ein paar Tropfen Nussöl beträufeln. Die Kürbiskerne in einer kleinen Pfanne (ohne Fett) rösten und darüberstreuen. Daneben das Ragout anrichten. Die Brennnesselblätter mit der flachen Seite der Messerklinge platt drücken, sodass die Brennhaare abbrechen, und das Ragout mit den Brennnesseln oder anderen Kräutern garnieren. Guten Appetit!

WÜRZIGE GEMÜSEPFANNE
mit Nudeln von der Schwarzwurzel

Schwarzwurzeln kommen einem sicher nicht zuerst in den Sinn, wenn man nach Gemüse für die Zubereitung von Nudeln sucht. Dabei sind sie hervorragend geeignet — sowohl was ihren Geschmack als auch was ihre Konsistenz anbelangt. Sie bieten ein herzhaft-nussartiges Aroma und einen kernigen Biss, die jedes herbst-winterliches Gericht bereichern können.

Für 2 Personen

2 dicke Schwarzwurzeln (Zubereitung der Nudeln
    siehe Seite 10 ff.)
1 Zwiebel
1 Knoblauchzehe
2 EL Butterschmalz (Ghee)
300 g Gemüse der Saison (Fenchelknolle, Zucchini,
    Aubergine, Kaiserschoten, Staudensellerie …)
Salz und Pfeffer zum Abschmecken
1/8 l trockener Weißwein
200 g Tomaten
Kräuter der Provence, getrocknet (nach Geschmack)
2 EL Hanfsamen
Olivenöl
Pinien- oder Zedernkerne zum Anrichten

Utensilien
Sparschäler, Spiralschneider

1 Zwiebel und Knoblauch fein würfeln und in einer Schmorpfanne in Butterschmalz glasig andünsten. Gemüse der Saison in mundgerechte Stücke schneiden. In den Topf geben und etwa 4 Minuten unter gelegentlichem Rühren anbraten. Salzen und pfeffern und mit dem Weißwein ablöschen. Einkochen lassen, dann zuerst die in Stücke geschnittenen Tomaten und die Kräuter der Provence dazugeben, danach die Schwarzwurzel-Nudeln. Anschließend die Gemüsepfanne weitere 5 Minuten schmoren lassen.

2 Die Hanfsamen untermischen. Noch einmal mit Salz und Pfeffer abschmecken und das Olivenöl dazugeben.

3 Servieren Die Gemüsepfanne auf Tellern anrichten und mit Pinien- oder Zedernkernen bestreut servieren. Lassen Sie es sich schmecken.

GEBRATENE AUSTERNPILZE UND TOMATENSALAT
mit Nudel-Dreierlei

Wie es bei der klassischen Pasta Farbspielereien wie „Tricolore" gibt, so lassen sich auch Nudeln aus Gemüse zu schönen Farbkompositionen zusammenstellen. Darüber hinaus ergeben sich so auch geschmacklich reizvolle Kontraste.

Für 2 Personen

1 Karotte (siehe Seite 10 ff.)
1 kleine Rote Bete (siehe Seite 10 ff.)
1 kleiner milder Rettich (Zubereitung der Nudeln
    siehe Seite 10 ff.)

Marinade für die Nudeln
Olivenöl
Salz, Pfeffer, Kurkuma und Ingwer, frisch gerieben,
    bzw. Meerrettich zum Abschmecken

Gebratene Austernpilze
1 Frühlingszwiebel (weißer Teil)
1 Knoblauchzehe
1 EL Butterschmalz (Ghee)
200 g Austernpilze
Salz, Pfeffer und Ras al Hanut zum Abschmecken
60 ml trockener Weißwein

Tomatensalat
400 g Tomaten
6 EL Joghurt
2 EL Sauerrahm
Balsamico
1–2 Spritzer Zitronensaft
abgeriebene Schale von 1 Bio-Zitrone
    (nach Geschmack)
Salz und Pfeffer zum Abschmecken

1 Frühlingszwiebel (grüner Teil) und Basilikum
    zum Anrichten

Utensilien
Spiralschneider

1 Gemüse-Nudeln Die Zutaten für die Marinade gut verrühren. Die drei Nudel-Sorten getrennt voneinander hineingeben und etwa 15 Minuten darin ziehen lasse (siehe „Tipps", Seite 13).

2 Gebratene Austernpilze Das weiße Ende der Frühlingszwiebel und den Knoblauch fein würfeln und in einer Pfanne in Butterschmalz anschwitzen. Die Stiele der Austernpilze in kleine Stücke schneiden und 2 Minuten mit anbraten. Mit Salz und Pfeffer abschmecken und mit Ras al Hanut würzen, mit Weißwein ablöschen. Ein paar Minuten köcheln lassen, dann die Filets der Austernpilze hinzufügen und bei niedriger Temperatur etwa 3 Minuten schmoren lassen.

3 Tomatensalat Die Tomaten in Stücke schneiden. Auf den Tellern verteilen. Joghurt und Sauerrahm, mit Salz, Pfeffer, Zitronensaft, Balsamico und geriebener Zitronenschale verrühren und auf die Tomaten setzen, mit Basilikum garnieren.

4 Servieren Neben die Tomaten die Pilze geben. Das Nudel-Dreierlei ggf. separat anrichten. Das Grün der Zwiebel in feine Ringe schneiden und auf den Nudeln verteilen … und genießen.

SPAGHETTI BOLOGNESE SENZA CARNE
mit Zucchini-Nudeln

Der große Favorit unter allen Pasta-Gerichten ist natürlich Spaghetti Bolognese! Die Nudeln aus Zucchini sind allerdings deutlich leichter und frischer als richtige Spaghetti.

Für 2 Personen

2 mittelgroße Zucchini (Zubereitung der Nudeln
    siehe Seite 10 ff.)
4 EL Sonnenblumenkerne
2 EL geschälter Hanfsamen
6 schwarze Oliven
½ TL frischer Ingwer, gerieben
Sojasauce
1 Zwiebel
1 Knoblauchzehe
2 EL Butterschmalz (Ghee)
½ TL frischer Thymian oder Oregano (getrocknet
    entsprechend weniger)
500 g Tomatenstücke (aus der Dose)
1 EL Nährhefe
Salz, Pfeffer, Olivenöl und Pesto (nach Wunsch)
    zum Abschmecken

Basilikum zum Anrichten

Utensilien
Spiralschneider

1 Sonnenblumenkerne im Mörser grob zerkleinern, die Oliven sehr klein hacken. Sonnenblumenkerne und Hanfsamen in einer Pfanne bei mittlerer Hitze (ohne Fett) rösten. Gelegentlich umrühren, damit die Mischung nicht anbrennt. Vom Herd nehmen und mit den Oliven, dem Ingwer und ein wenig Sojasauce vermischen.

2 Zwiebel und Knoblauch fein würfeln und in Butterschmalz in einem mittelgroßen Topf glasig andünsten. Die Oliven-Kern-Mischung, Thymian, Salz und Pfeffer hinzufügen, dann die Tomatenstücke und die Nährhefe. Das Ganze aufkochen und auf kleiner Flamme zu einer Sauce verkochen lassen.

3 **Abschmecken und Servieren** Die Sauce noch einmal mit Salz, Pfeffer, Pesto und Olivenöl abschmecken und zu den Zucchini-Nudeln servieren. Mit Basilikum garniert genießen.

Tipp

Die leicht gesalzenen Zucchini-Nudeln im Dampfgareinsatz im geschlossenen Topf mit 1 Zenti-meter hoch Wasser kurz garen (siehe „Tipps", Seite 13) ... für einen zarten Biss und damit sie sich besser mit der Sauce verbinden.

MAROKKANISCHER KICHERERBSENTOPF
mit Nudeln von Mairübchen

Mairübchen geben diesem klassischen nordafrikanischem Gericht eine ganz neue und unerwartete Note. Wie Rucola und Senf gehören Rüben zu den Kreuzblütlern und haben den typischen pikant-scharfen Geschmack, der sich in diesem Gericht aber nicht aufdrängt, sondern dezent im Hintergrund bleibt.

Für 2 Personen

1 mittelgroßes Mairübchen (Zubereitung der Nudeln siehe Seite 10 ff.)
1 Zwiebel
1 Knoblauchzehe
2 EL Butter
100 g Aubergine
1 rote Paprikaschote
½ kleine Zucchini
1 EL Tomatenmark
1 TL Sojasauce
Ras al Hanut (nach Geschmack)
1 Prise Salz
60 ml trockener Weißwein
100 ml Wasser
300 g Kichererbsen aus der Dose
4 Tomaten
100 g junger Spinat

Salz, Zitronensaft und Olivenöl zum Abschmecken
Petersilie zum Anrichten

Utensilien
Spiralschneider

1 Zwiebel und Knoblauch fein würfeln und in Butter in einem mittelgroßen Topf (oder Tajine, dem marokkanischen Keramiktopf) glasig andünsten. Die Aubergine würfeln, dazugeben und unter gelegentlichem Rühren mit anbraten. Die Paprikaschote (ohne Kerne und weiße Innenhäute) in mundgerechte Stücke schneiden. Die Zucchini der Länge nach vierteln und in drei Zentimeter dicke Stücke schneiden. Beides in den Topf geben und etwas mit schmoren lassen. Dann Tomatenmark, Sojasauce, Ras al Hanut und Salz hinzufügen und mit dem Weißwein ablöschen. Köcheln lassen.

2 Nun das Wasser und die Kichererbsen in den Topf geben. Die Tomaten (falls gewünscht enthäuten und) in kleine Stücke schneiden. Ebenfalls hinzufügen. Ein paar Minuten köcheln lassen, dann den grob gehackten Spinat unterheben.

3 **Abschmecken und Servieren** Zum Schluss mit Salz, Zitronensaft und Olivenöl abschmecken. Auf Tellern anrichten und mit der Petersilie dekoriert genießen.

CHILI SIN CARNE
mit Nudeln von der Pastinake

Im Kühlschrank herrscht Ebbe, doch der Appetit auf etwas Herzhaftes ist groß? Also müssen Reste und Vorräte dran glauben. Zwiebeln, Knoblauch und Chili finden sich immer, beim Gemüse sind oft Wurzeln wie Karotten und Pastinaken übrig. Und dann gibt es noch die Notvorräte in Dosen und Gläsern. Schön wären allerdings auch frisches Korianderkraut und ein veganes Steak, denn dann wäre alles da – für ein perfektes Chiligericht!

Für 2 Personen

1 mittelgroße Pastinake (Zubereitung der Nudeln
    siehe Seite 10 ff.)
100 g veganes Steak
1 EL Pflanzenöl zum Braten
1 Zwiebel
1 Knoblauchzehe
2 EL Butter
1 Chilischote
1 Karotte
1 rote Paprikaschote
½ TL mediterrane Kräuter (Herbes de Provence oder
    italienische Kräutermischung), getrocknet
1 TL Sojasauce
100 ml Gemüsebrühe
100 g Mais (aus der Dose)
100 g Kidneybohnen (aus der Dose)
400 g Tomatenstücke (aus der Dose)
Salz, Pfeffer und Olivenöl zum Abschmecken
Korianderkraut zum Anrichten

Utensilien
Spiralschneider

1 Das vegane Steak in kleine Stücke schneiden und das Geschnetzelte nach Anleitung auf der Packung in einer Pfanne in Pflanzenöl braten. Beiseitestellen.

2 Die Zwiebel und Knoblauchzehe fein würfeln und in einem mittelgroßen Topf in Butter anschwitzen. Die Chilischote sehr fein hacken, die Karotte und die rote Paprikaschote (ohne Kerne und weiße Innenhäute) in Stücke schneiden und in den Topf geben. Etwa 2 Minuten mit braten. Getrocknete Kräuter, die Gemüsebrühe und die Sojasauce ergänzen und das Chili ein wenig köcheln lassen, dann das vegane Geschnetzelte, den Mais, die Kidneybohnen, die Pastinaken-Nudeln und die Tomaten hinzufügen. Das Ganze einige Minuten weiterköcheln lassen.

3 Abschmecken und Servieren Das Chili mit Salz, Pfeffer und Olivenöl abschmecken, in Schalen anrichten und mit Korianderkraut garnieren. Guten Appetit!

DIE AUTORIN

Stephanie Katharina Mehring ist fasziniert vom Wunder des Lebens. Sie ist leidenschaftliche Forscherin, Tänzerin und Autorin. Sie arbeitet als Ganzheitliche Gesundheitsberaterin und bietet individuelle Ernährungsberatung sowie integrative Bewusstseins- und Körperarbeit an. Ihr Interesse gilt der individuellen, intuitiven Erforschung des Lebens und der authentischen, kreativen Entfaltung des menschlichen Potenzials. Seit sechs Jahren organisiert und begleitet sie die Ausbildung zum Bioelektrischen Gesundheitsberater von Christian Dittrich-Opitz.

© Hans-Nietsch-Verlag 2017

Lektorat: Martina Klose, Freiburg
Korrektorat: Benita Richter
Fotos: Rezeptbilder: Sara Dalldorf; Seite 2-3: bonchan / Shutterstock.com; Seite 6: © [Mariusz Jurgielewicz]/ 123.rf.com; Seite 7: FotoKulinaria /Shutterstock.com; Seite 9: Iuliubo /Shutterstock.com; Seite 10: oxyzay / Shutterstock.com; © azurita / Fotolia; © [Christian Bridgwater]/123.rf.com; Seite 13: © Hans Nietsch; Seite 14-15: © marcin jucha / Fotolia; Seite 36-37: © [Pia Violeta Pasat]/ 123.rf.com
Umschlaggestaltung: Rosi Weiss, unter Verwendung der Layout-Vorlage zur Buchreihe von Guter Punkt, München; Foto © iStock.com/violleta
Innenlayout: Kurt Liebig
Satz: Rosi Weiss
Druck: Dimograf Sp z o.o., Bielsko-Biała/Polen

Hans-Nietsch-Verlag
Schauinslandstr. 136 h
79100 Freiburg

www.nietsch.de
info@nietsch.de

ISBN 978-3-86264-671-5